JE DÉCOUVRE MA COMMUNAUTÉ

Alicia Rodriguez

# LE SUPERMARCHÉ

## Un livre de la collection Les racines de Crabtree

CRABTREE
Publishing Company
www.crabtreebooks.com

# Soutien de l'école à la maison pour les parents, les gardiens et les enseignants

Ce livre aide les enfants à se développer grâce à la pratique de la lecture. Voici quelques exemples de questions pour aider le lecteur ou la lectrice à développer ses capacités de compréhension. Les suggestions de réponses sont indiquées en rouge.

## Avant la lecture

- De quoi ce livre parle-t-il?
  - *Je pense que ce livre parle de ce que je peux voir dans un supermarché.*
  - *Je pense que ce livre parle des aliments dans un supermarché.*

- Qu'est-ce que je veux apprendre sur ce sujet?
  - *Je veux savoir qui travaille dans un supermarché.*
  - *Je veux apprendre les différents rayons d'un supermarché.*

## Pendant la lecture

- Je me demande pourquoi...
  - *Je me demande pourquoi certaines personnes utilisent des chariots.*
  - *Je me demande pourquoi il y a différents rayons dans un supermarché.*

- Qu'est-ce que j'ai appris jusqu'à présent?
  - *J'ai appris que le pain se trouve au rayon de la boulangerie.*
  - *J'ai appris qu'il y a beaucoup d'aliments différents dans un supermarché.*

## Après la lecture

- Nomme quelques détails que tu as retenus.
  - *J'ai appris que le rayon des produits laitiers garde le lait au froid.*
  - *J'ai appris que les fruits, comme les pommes, se trouvent au rayon des fruits et légumes frais.*

- Lis le livre à nouveau et cherche les mots de vocabulaire.
  - *Je vois le mot* ***boulangerie*** *à la page 4 et le mot* ***congélateur*** *à la page 9. Les autres mots de vocabulaire se trouvent à la page 14.*

Il est temps d'aller au **supermarché**.

Il y a du pain au rayon de la **boulangerie**.

Les pommes sont au rayon des **fruits et légumes frais**.

Le lait reste au froid dans le rayon des **produits laitiers**.

La crème glacée est dans le **congélateur**.

Les **céréales** sont
sur une tablette.

RICE KRISPIES
FAMILY SIZE
CRISPY RICE
HONEY SMACKS
COCOA KRISPIES
Cinnamon Crunch
Apple Cinnamon Toast Crunch
FROSTED FLAKES
Marshmallows
Cocoa Mounds
Frosted OATS
Trix
Cinnamon Toast Crunch
Lucky Charms
CINNAMON FROSTED FLAKES
APPLE JACKS
CHOCOLATE FROSTED FLAKES
Honey Nut FROSTED FLAKES
Cheerios
LARGE SIZE
Reese's Puffs
WIN

Regarde l'épicerie.

# Liste de mots

## Mots courants

aller
au
dans
de
est
froid
il y a
la
lait
le
pain
pommes
regarde
sont
sur
temps

## La boîte à mots

**boulangerie**

**céréales**

**congélateur**

**fruits et légumes frais**

**produits laitiers**

**supermarché**

# 52 mots

Il est temps d'aller au **supermarché**.

Il y a du pain au rayon de la **boulangerie**.

Les pommes sont au rayon des **fruits et légumes frais**.

Le lait reste au froid dans le rayon des **produits laitiers**.

La crème glacée est dans le **congélateur**.

Les **céréales** sont sur une tablette.

Regarde l'épicerie.

CRABTREE
Publishing Company

Autrice : Alicia Rodriguez
Conception : Rhea Wallace
Développement de la série :
James Earley
Correctrice : Janine Deschenes
Conseils pédagogiques :
Marie Lemke M.Ed.
Traduction : Annie Evearts
Coordinatrice à l'impression :
Katherine Berti
Références photographiques :
Shutterstock : MMStock : couverture (haut gauche); gan chaonan : couverture (haut droite); TarsaM : couverture (bas); Andriy Blokhin : p. 3, 14; Vipavlenkoff : p. 5, 14; Take A Pix Media : p. 6, 14; Robert Gregory Griffeth : p. 8, 14; Niloo : p. 9, 14; Sheila Fitgerald : p. 11, 14; ND700 : p. 12-13, 14

JE DÉCOUVRE MA COMMUNAUTÉ

Alicia Rodriguez

# LE SUPERMARCHÉ

**Crabtree Publishing Company**

www.crabtreebooks.com 1-800-387-7650



**Publié aux États-Unis**
**Crabtree Publishing**
347 Fifth Avenue
Suite 1402-145
New York, NY, 10016

**Publié au Canada**
**Crabtree Publishing**
616 Welland Ave.
St. Catharines, Ontario
L2M 5V6

Imprimé au Canada/072021/CPC

**Catalogage avant publication de Bibliothèque et Archives Canada**
Titre: Le supermarché / Alicia Rodriguez ; texte français d'Annie Evearts.
Autres titres: Grocery store. Français
Noms: Rodriguez, Alicia, auteur.
Description: Mention de collection: Je découvre ma communauté | Collection Crabtree "Les racines" | Traduction de : Grocery store.
Identifiants: Canadiana (livre imprimé) 20210256524 | Canadiana (livre numérique) 20210256559 | ISBN 9781039605008 (couverture souple) | ISBN 9781039605060 (HTML) | ISBN 9781039605121 (EPUB) | ISBN 9781039605183 (livre numérique avec narration)
Vedettes-matière: RVM: Supermarchés—Ouvrages pour la jeunesse. | RVM: Magasins d'alimentation—Ouvrages pour la jeunesse.
Classification: LCC HF5469 .R6314 2022 | CDD j381/.456413